KYRIALE

SOLESMIS

MCMLXXXV

Hic liber excerptus est ex Graduali Romano.

Imprimatur
Tornaci, die 24 decembris 1973,
J. Thomas, vic. gen.

© 1985 Abbaye Saint-Pierre de Solesmes,
   F - 72300 Sablé-sur-Sarthe.
© 1985 Desclée Paris - Tournai.

ISBN 2-85274-095-8

KYRIALE

1. Pro cantibus in Ordine Missæ occurrentibus servantur Kyriale Romanum et Kyriale simplex.

Licet cantuum selectio præprimis ex ingenio seu capacitate pendeat cantorum, ornatiores melodiæ in sollemnioribus celebrationibus præferantur.

2. Ad cantum *Kyrie* quod attinet, quando novem invocationes notantur in extenso, musicæ « forma » eas integre canere requirit. Contra, quando unica habetur melodia repetenda pro primis invocationibus *Kyrie*, hæc invocatio bis tantummodo cantatur. Item pro invocationibus sequentibus, *Christe* et *Kyrie* (ex. gr. Kyrie V). Quando tamen ultimum *Kyrie* peculiari melodia est instructum (ex. gr. Kyrie I), *Kyrie* quod præcedit semel tantum canitur ; ita regula generalis de unaquaque invocatione repetenda servatur.

3. Cum *Kyrie* tamquam responsio ad aliquam invocationem in actu pænitentiali usurpatur, melodia huic muneri respondens elegatur, scilicet Kyrie XVI vel XVIII Kyrialis Romani, necnon melodiæ Kyrialis simplicis.

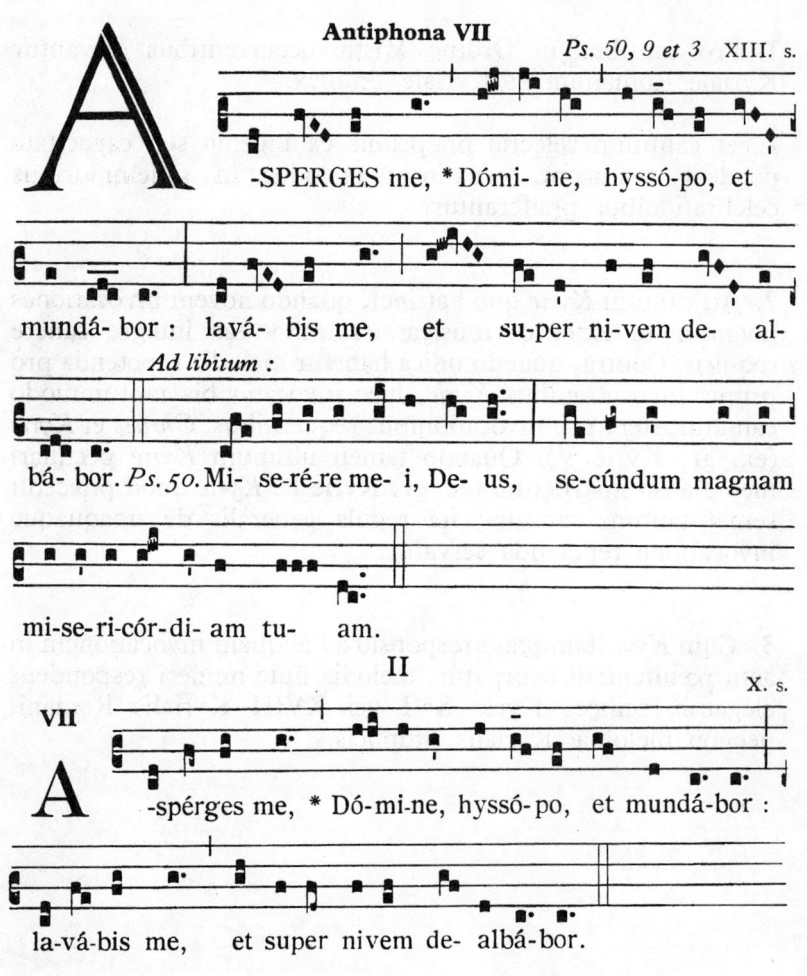

AD ASPERSIONEM

III

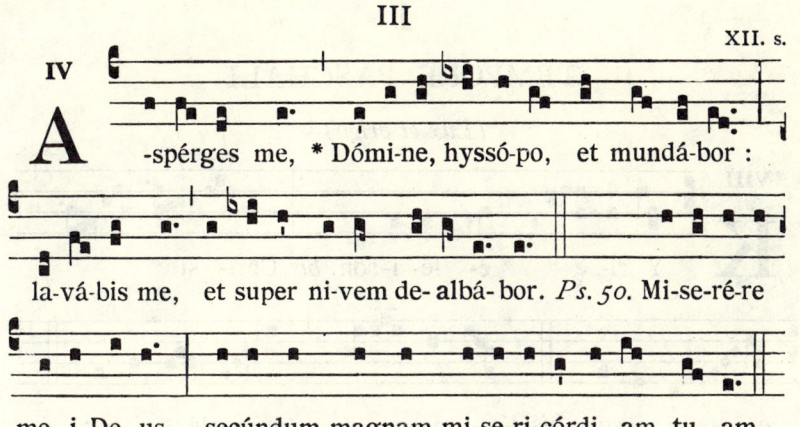

A-spérges me, * Dómine, hyssópo, et mundábor : lavábis me, et super nivem dealbábor. *Ps. 50.* Miserére mei Deus, secúndum magnam misericórdiam tuam.

TEMPORE PASCHALI

Scilicet a dominica Paschæ usque ad Pentecosten inclusive

VIdi aquam * egrediéntem de templo, a látere dextro, allelúia : et omnes, ad quos pervénit aqua ista, salvi facti sunt, et dicent, allelúia, allelúia.

I
TEMPORE PASCHALI
(Lux et origo)

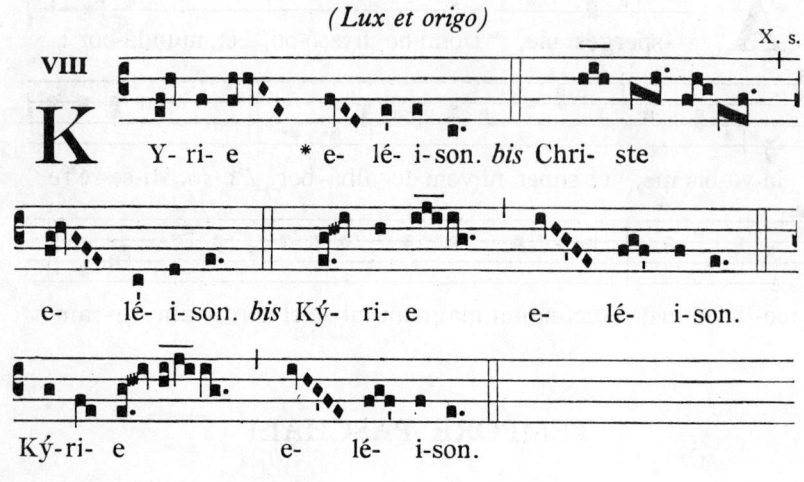

A
PRO DOMINICIS
(Te Christe rex supplices)

B
PRO FESTIS ET MEMORIIS
(Conditor Kyrie omnium)

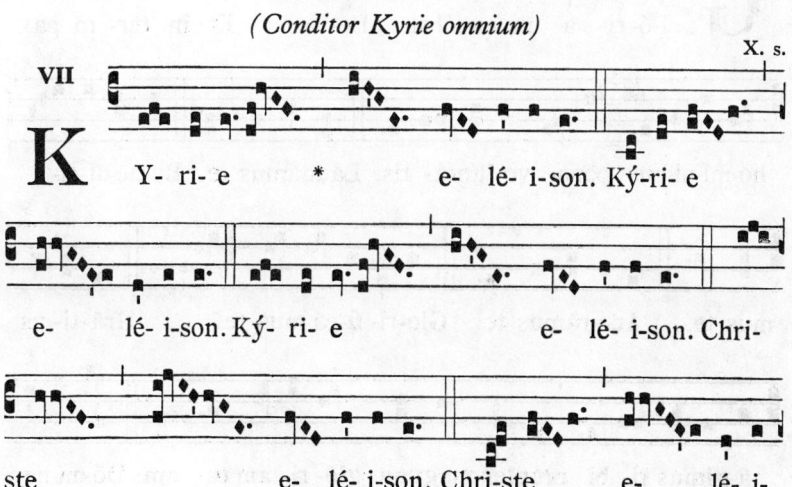

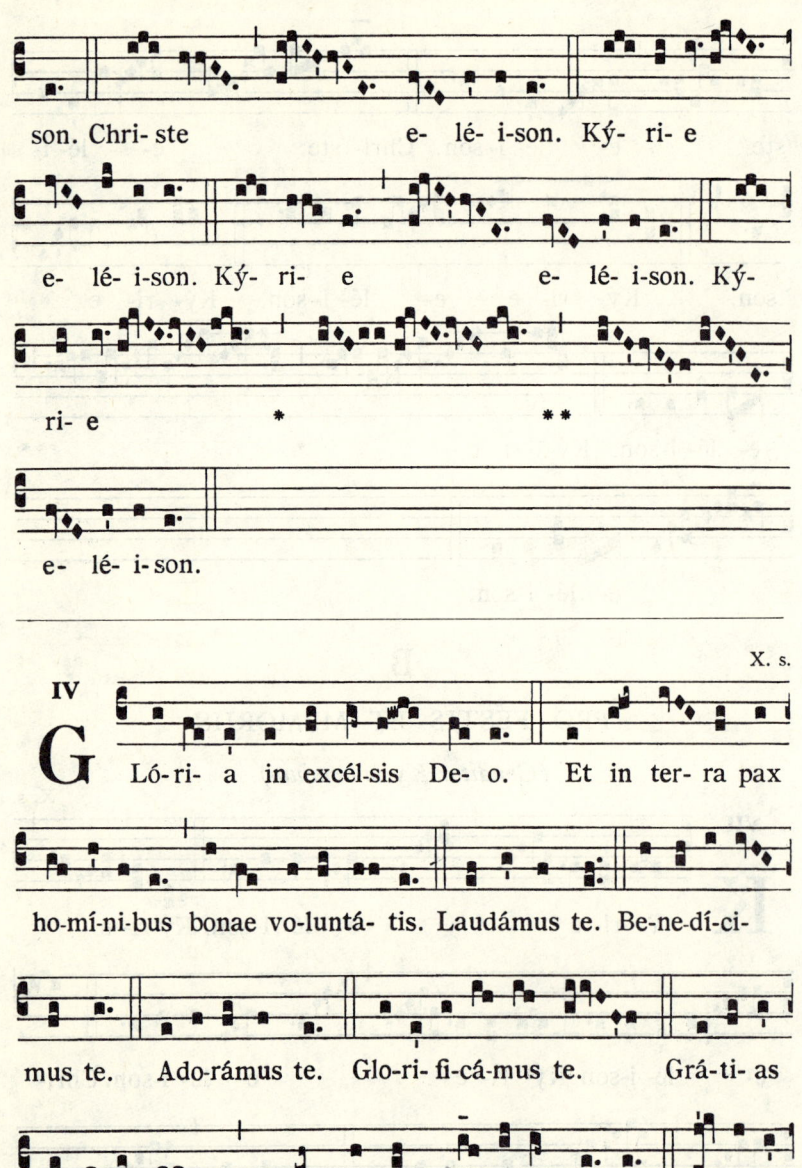

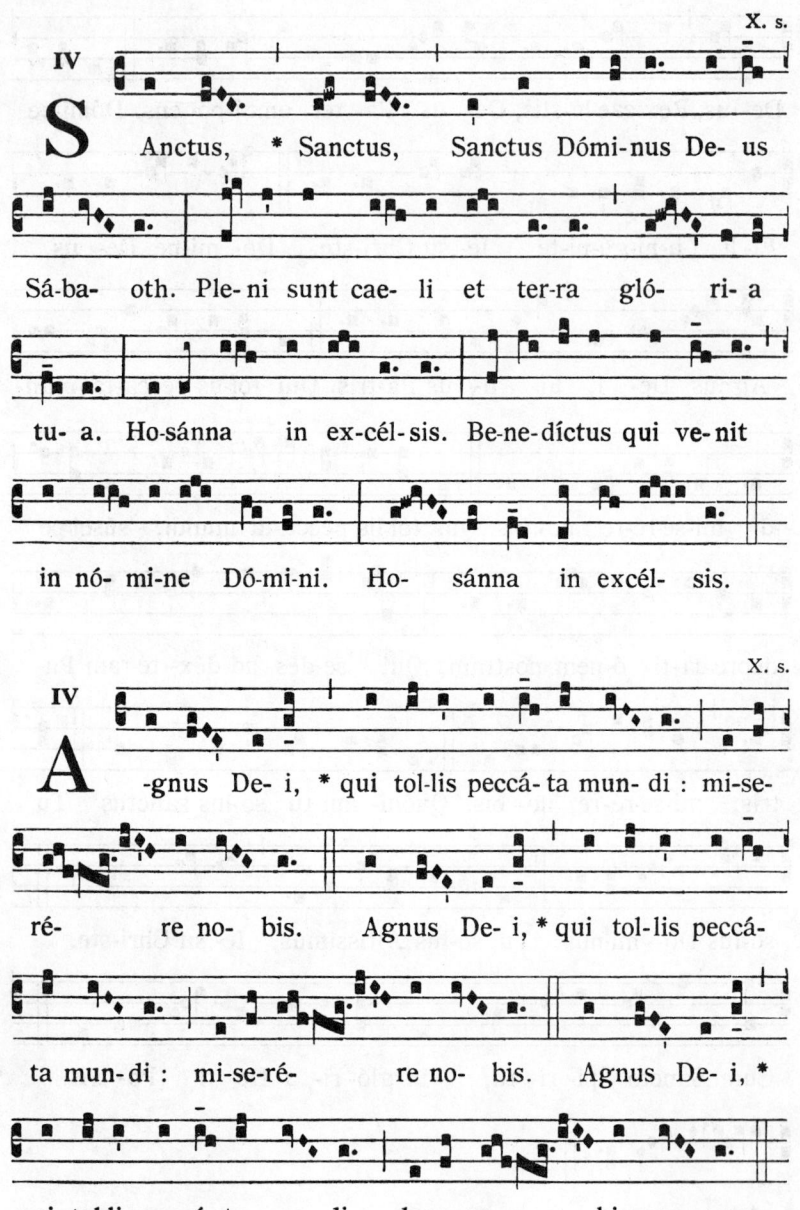

ORDINARIUM II

A Missa Vigiliæ paschalis usque ad dominicam II Paschæ inclusive et in dominica Pentecosten :

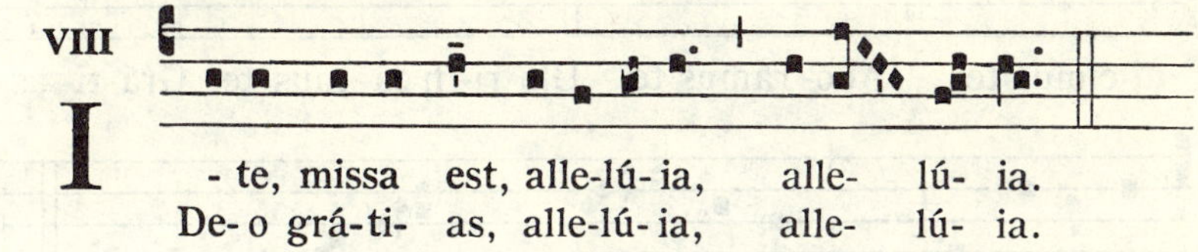

VIII

I - te, missa est, alle-lú- ia, alle- lú- ia.
De- o grá-ti- as, alle-lú- ia, alle- lú- ia.

II

(Kyrie fons bonitatis)

X. s.

III

K Y-ri- e * e- lé- i- son. *bis*

Chri-ste e- lé- i-son. *bis*

Ký- ri- e e- lé- i- son. Ký- ri-

e * ** e- lé- i-son.

XIII. s.

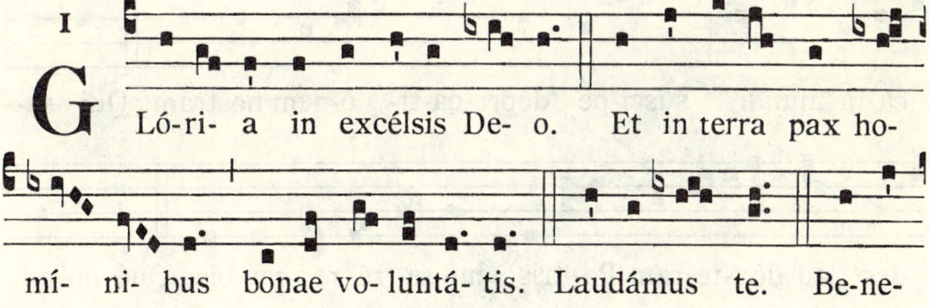

I

G Ló-ri- a in excélsis De- o. Et in terra pax ho-

mí- ni- bus bonae vo- luntá- tis. Laudámus te. Be-ne-

ORDINARIUM III

I   X. s.

A-gnus De- i, * qui tol- lis pec-cá-ta mun- di : mi-se-ré- re no- bis. Agnus De- i, * qui tol-lis peccá-ta mun- di : mi-se-ré- re no- bis. Agnus De- i, * qui tol- lis pec-cá-ta mun- di : do-na no- bis pa- cem.

III

(Kyrie Deus sempiterne)

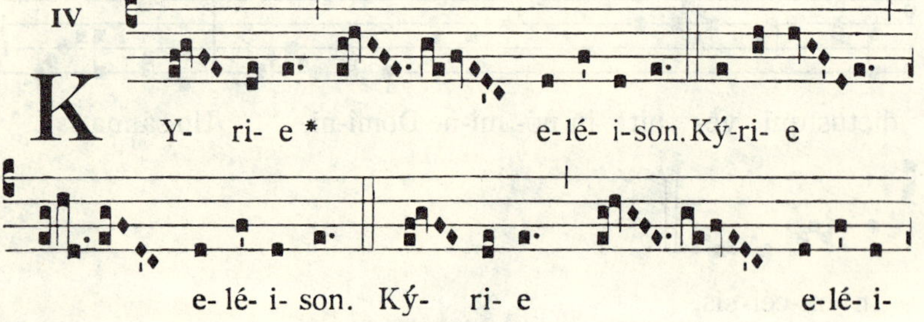

IV   XI. s.

KY- ri- e * e-lé- i-son. Ký-ri- e e- lé- i- son. Ký- ri- e e- lé- i-

Vel ad libitum :

A

(Rector cosmi pie)

XI. s.

II

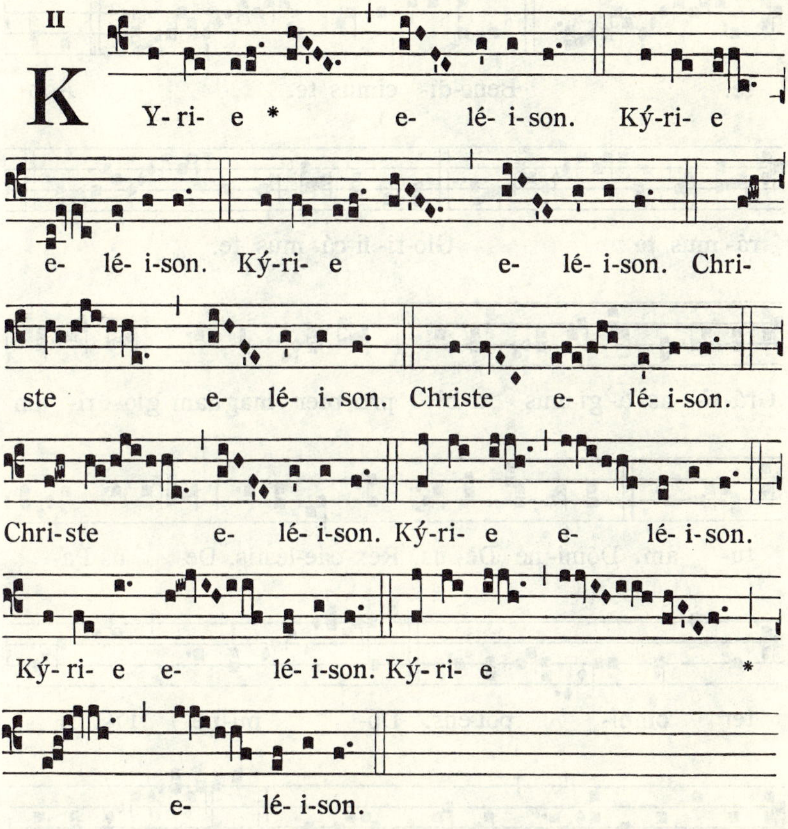
K Y-ri- e * e- lé- i-son. Ký-ri- e
e- lé- i-son. Ký-ri- e e- lé- i-son. Christe e- lé- i- son. Christe e- lé- i-son.
Chri-ste e- lé- i-son. Ký-ri- e e- lé- i-son.
Ký- ri- e e- lé- i-son. Ký- ri- e *
e- lé- i-son.

B

X-XI. s.

II

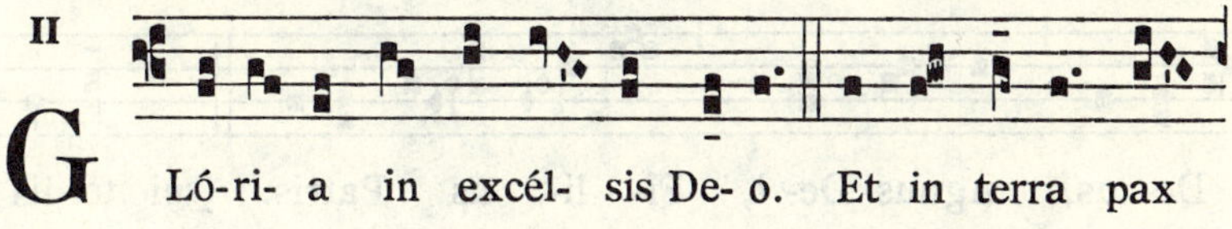
G Ló-ri- a in excél- sis De- o. Et in terra pax

ORDINARIUM III

peccá- ta mundi, mi-se-ré- re no- bis. Qui tol-lis peccá-

ta mundi, súsci-pe depre-ca-ti-ó- nem nostram.

Qui se- des ad déxte- ram Patris, mi-se-ré- re no-

bis. Quó-ni- am tu so-lus sanctus. Tu so-lus Dómi-nus.

Tu so- lus Al- tís- simus, Ie- su Chri- ste. Cum

San- cto Spí- ri- tu in gló- ri- a De- i

Pa- tris. A- men.

IV (XI) XII. s.

S An- ctus, * Sanctus, San- ctus Dó-mi-nus

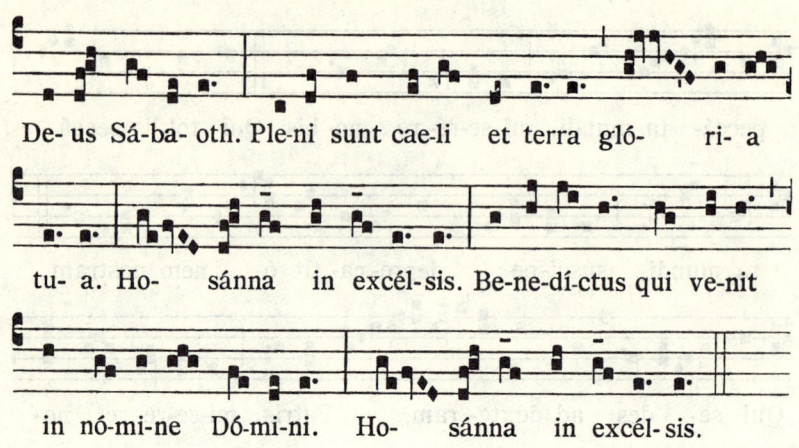

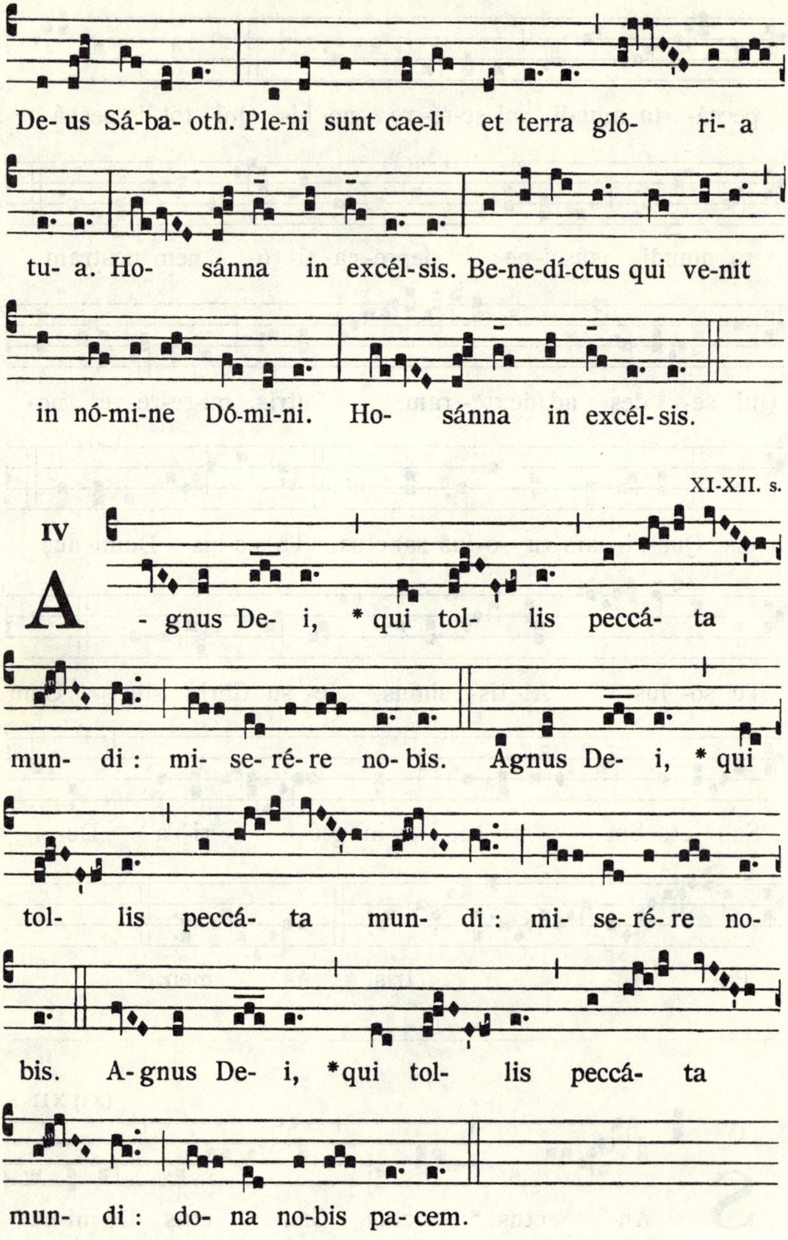
De- us Sá-ba- oth. Ple-ni sunt cae-li et terra gló- ri- a
tu- a. Ho- sánna in excél-sis. Be-ne-dí-ctus qui ve-nit
in nó-mi-ne Dó-mi-ni. Ho- sánna in excél-sis.
XI-XII. s.
IV
A - gnus De- i, * qui tol- lis peccá- ta
mun- di : mi- se- ré- re no- bis. Agnus De- i, * qui
tol- lis peccá- ta mun- di : mi- se- ré- re no-
bis. A- gnus De- i, *qui tol- lis peccá- ta
mun- di : do- na no-bis pa- cem.

IV

IN FESTIS APOSTOLORUM

(Cunctipotens genitor Deus)

V

(Kyrie magnæ Deus potentiæ) — XIII. s.

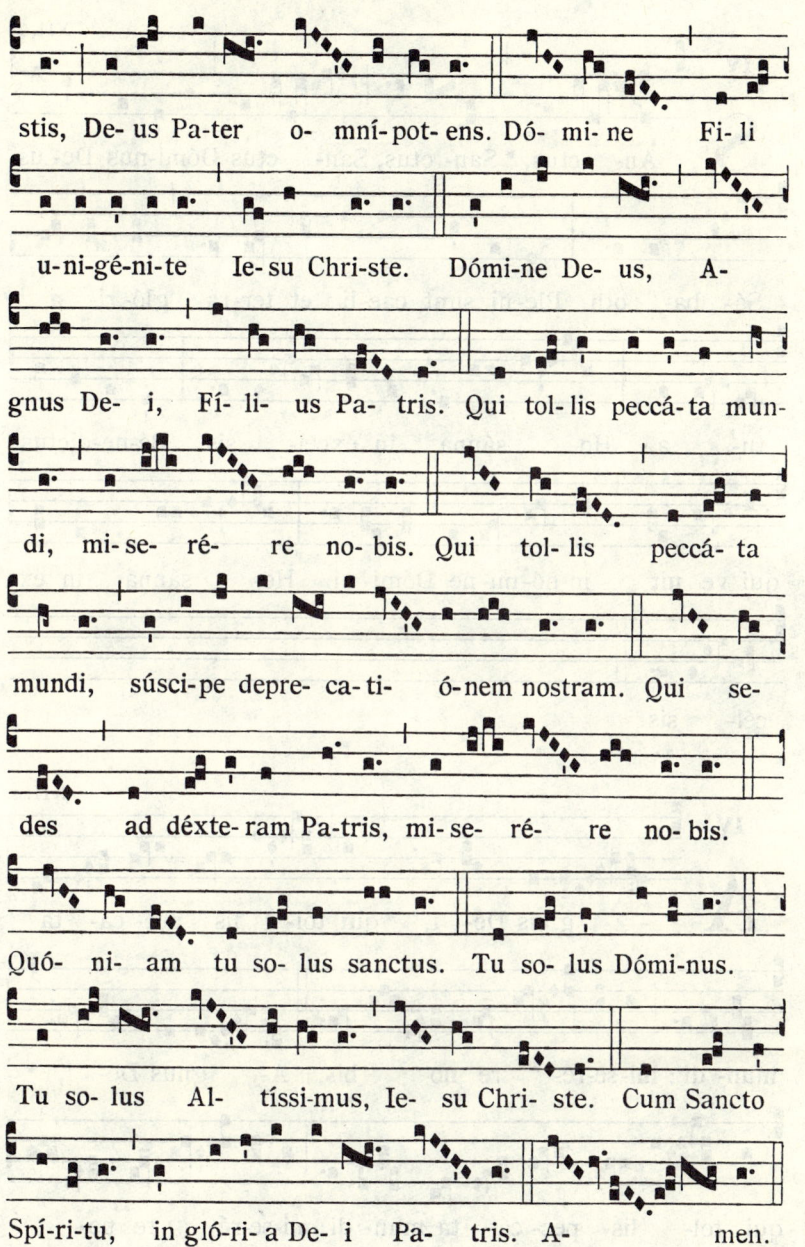

bis. A- gnus De- i, * qui tol- lis pec- cá- ta mun- di : dona no- bis pa- cem.

VI

(Kyrie rex genitor)

X. s.

VII

KY-ri- e * e- lé- i- son. Ký-ri- e e- lé- i- son. Ký-ri- e e- lé- i- son. Chri- ste e- lé- i-son. Chri- ste e- lé- i- son. Chri- ste e- lé- i-son. Ký-ri- e e- lé- i-son. Ký- ri- e e- lé- i- son. Ký-ri-

VII

(Kyrie rex splendens)

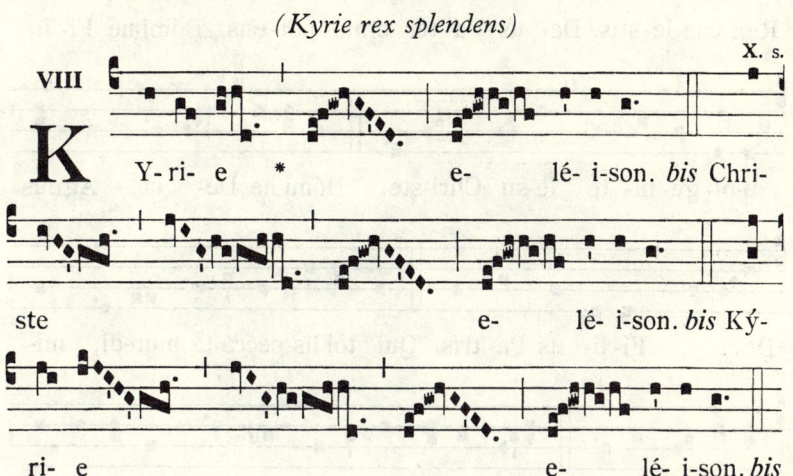

Vel : Kýrie I ad libitum, 785.

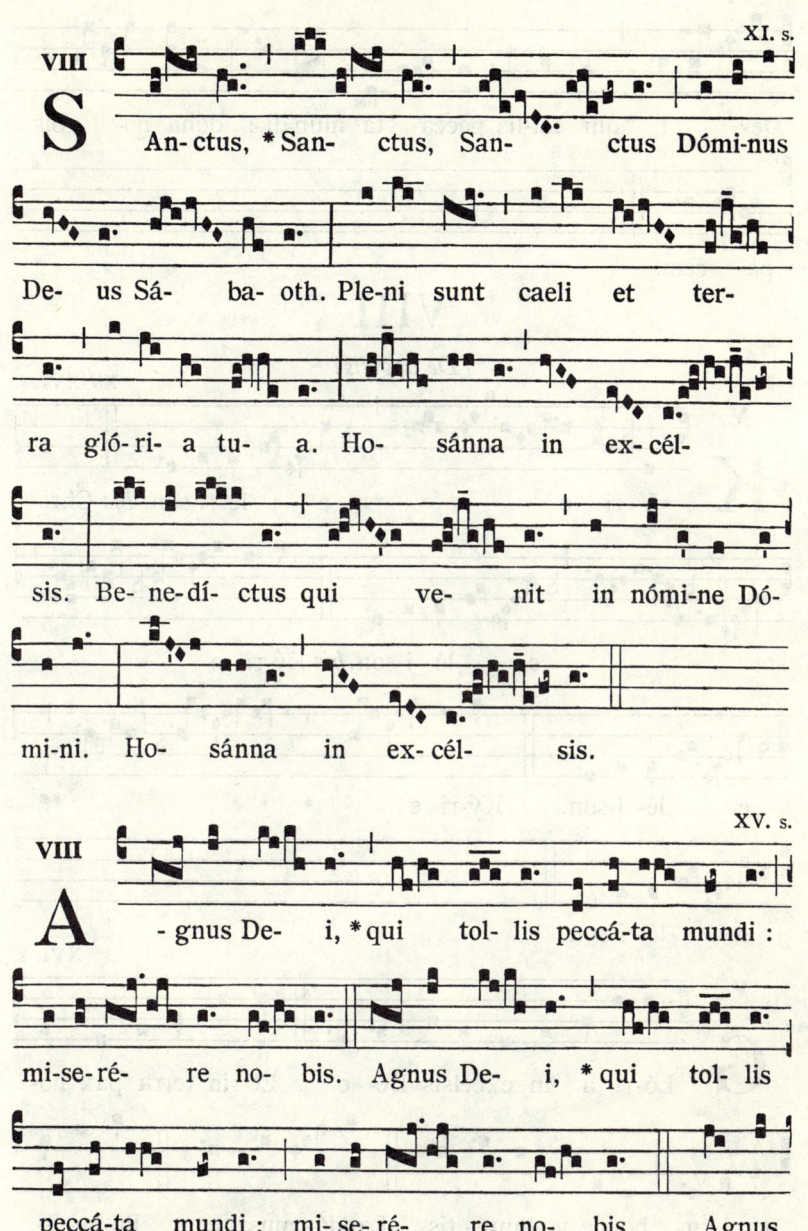

De- i, *qui tol-lis peccá- ta mun-di : dona no- bis pa- cem.

VIII
(De angelis)

XV-XVI. s.

K Y-ri- e * e- lé- i-son. *bis* Chri- ste e- lé- i-son. *bis* Ký-ri- e e- lé- i-son. Ký-ri- e * ** e- lé- i-son.

XVI. s.

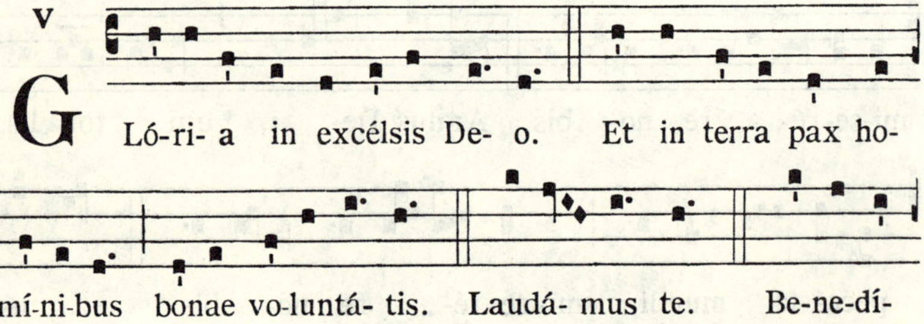

G Ló-ri- a in excélsis De- o. Et in terra pax ho- mí-ni-bus bonae vo-luntá- tis. Laudá- mus te. Be-ne-dí-

ré- re no- bis. Agnus De- i, * qui tol- lis peccá-ta mun-di : mi-se-ré- re no- bis. A-gnus De- i, * qui tol- lis peccá-ta mun-di : dona no- bis pa- cem.

IX

IN SOLEMNITATIBUS ET FESTIS B. M. V.

(Cum iubilo)

XII. s.

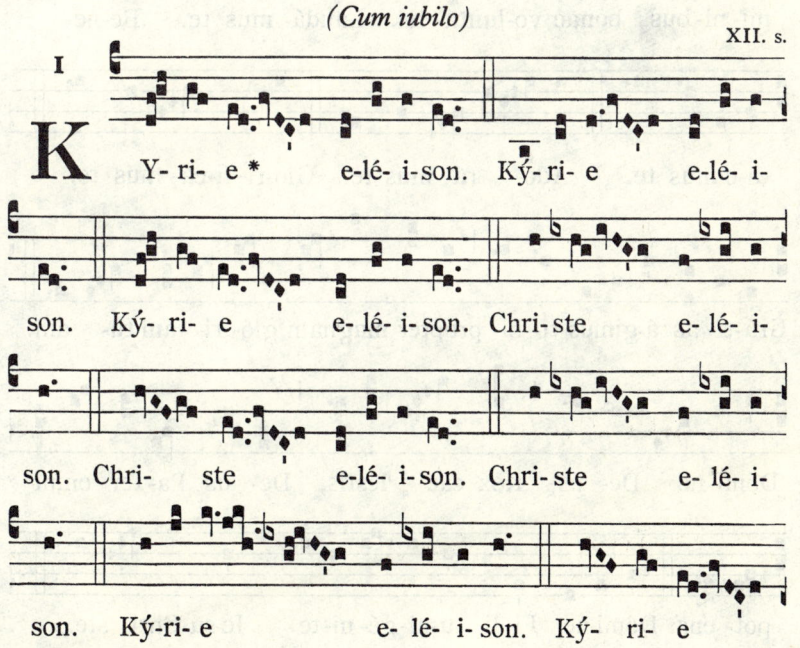

KY- ri- e * e-lé- i-son. Ký- ri- e e-lé- i-son. Ký- ri- e e- lé- i- son. Chri-ste e- lé- i-son. Chri- ste e-lé- i- son. Chri- ste e- lé- i-son. Ký-ri- e e- lé- i- son. Ký- ri- e

X

IN FESTIS ET MEMORIIS B. M. V.

(Alme Pater)

XI. s.

KY- ri- e * e- lé- i-son. Ký-ri- e e- lé- i-son. Ký- ri- e e- lé- i-son. Christe e- lé- i-son. Chri- ste e- lé- i- son. Christe e- lé- i- son. Ký- ri- e e- lé- i-son. Ký- ri- e e- lé- i-son. Ký-ri- e * ** e- lé- i-son.

XV. s.

GLó-ri- a in excélsis De- o. Et in terra pax ho- mí-ni-bus bonae vo-luntá- tis. Laudámus te. Be-ne-dí-cimus

XI
IN DOMINICIS PER ANNUM
(Orbis factor)

A

X. s.

KYrie * eléison. *bis* Christe eléison. *bis* Kýrie eléison. Kýrie eléison.

B

(X) XIV-XVI. s.

KYrie * eléison. *bis* Christe eléison. *bis* Kýrie eléison. Kýrie eléison.

ORDINARIUM XII

Ad libitum pro dominicis : XIII et XIV.

XII

(Pater cuncta)

Vel : Kýrie IX ad libitum, 87.

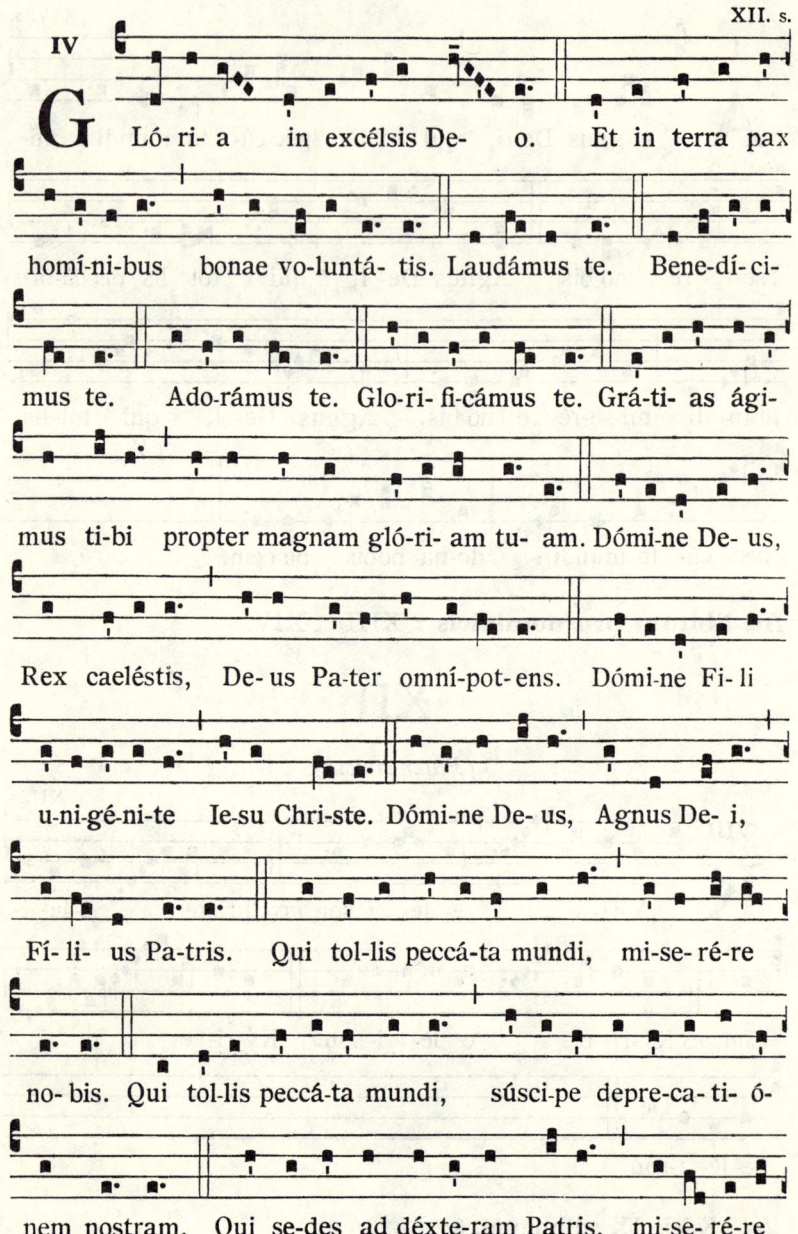

no- bis. Quó-ni- am tu so- lus sanctus. Tu so-lus Dómi-nus.

Tu so-lus Altíssi-mus, Ie-su Christe. Cum Sancto Spí- ri-

tu, in gló- ri- a De- i Patris. A- men.

XIII. s.

S Anctus, * Sanctus, San- ctus Dómi-nus

De- us Sá-ba- oth. Ple-ni sunt caeli et ter-ra gló-ri- a

tu- a. Ho-sánna in excél- sis. Be-ne-díctus qui ve-

nit in nó-mi-ne Dómi-ni. Ho-sánna in excél- sis.

XI. s.

A -gnus De- i, * qui tol- lis peccá- ta mundi :

mi- se- ré- re no- bis. Agnus De- i, * qui tollis peccá-ta mun-di : mi-se- ré-re no- bis. Agnus De- i, * qui tol- lis peccá- ta mundi : do-na no-bis pa- cem.

XIII

(Stelliferi conditor orbis)

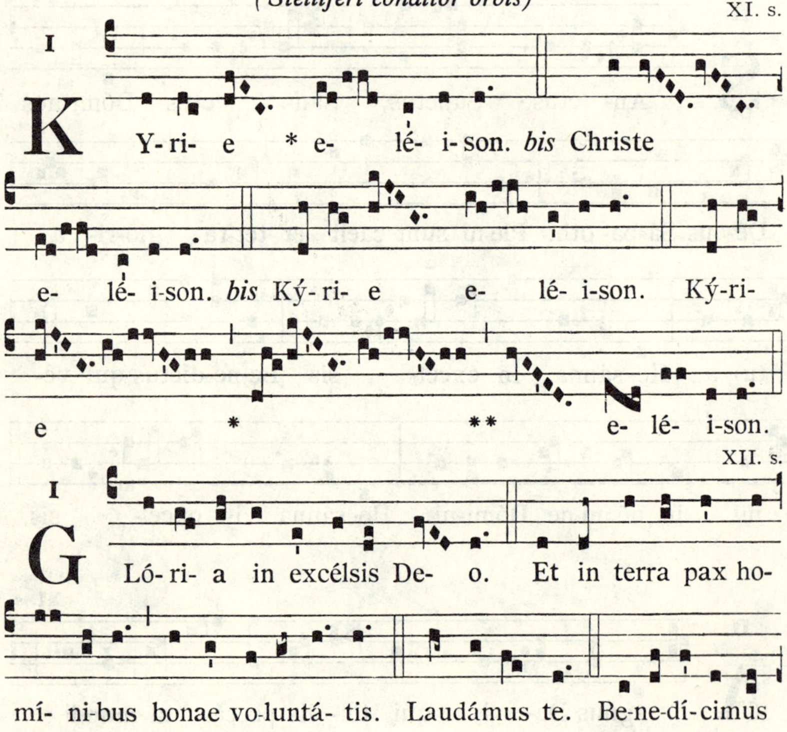

XI. s.

K Y- ri- e * e- lé- i-son. *bis* Christe e- lé- i-son. *bis* Ký- ri- e e- lé- i-son. Ký-ri- e * ** e- lé- i-son.

XII. s.

G Ló- ri- a in excélsis De- o. Et in terra pax ho- mí- ni-bus bonae vo-luntá- tis. Laudámus te. Be-ne-dí-cimus

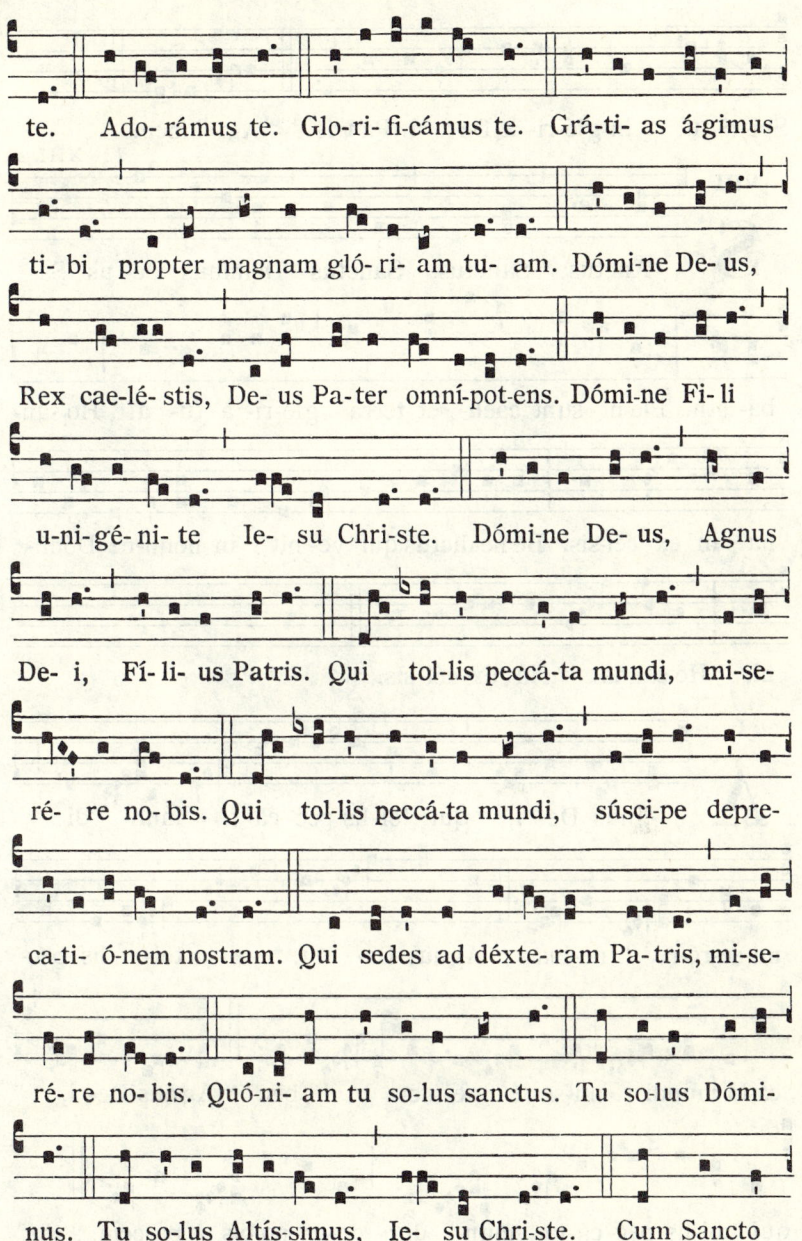

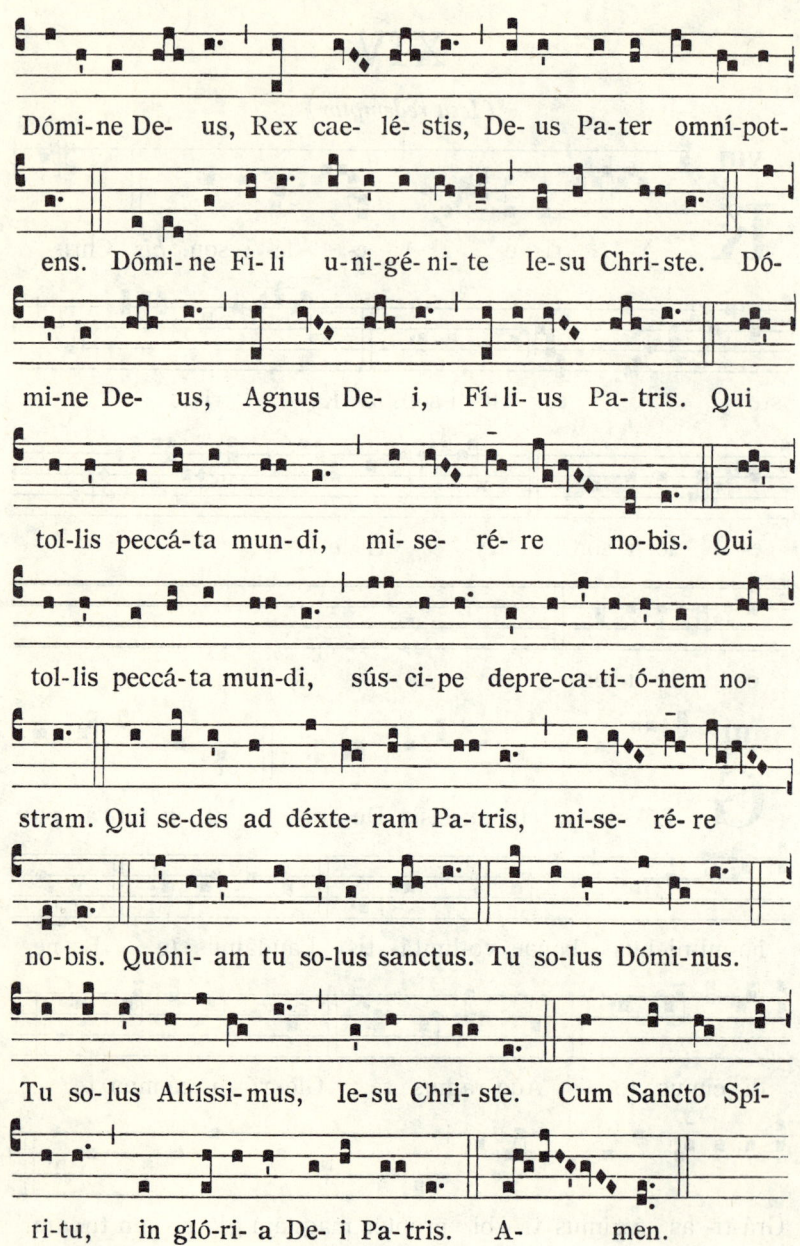

cá- ta mundi : do-na no- bis pa- cem.

XV

(Dominator Deus)

XI-XIII. s.

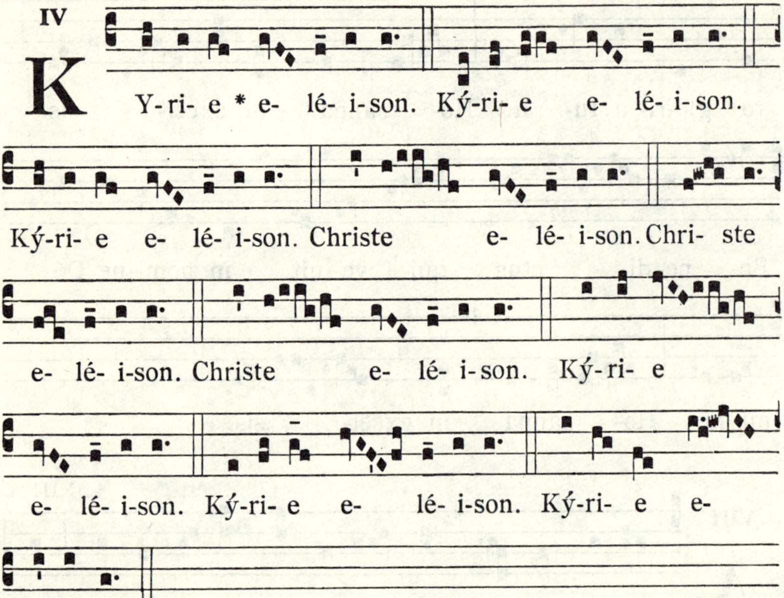

IV Ký-ri- e * e- lé- i-son. Ký-ri- e e- lé- i-son. Ký-ri- e e- lé- i-son. Christe e- lé- i-son. Christe e- lé- i-son. Christe e- lé- i-son. Ký-ri- e e- lé- i-son. Ký-ri- e e- lé- i-son. Ký-ri- e e- lé- i-son.

X. s.

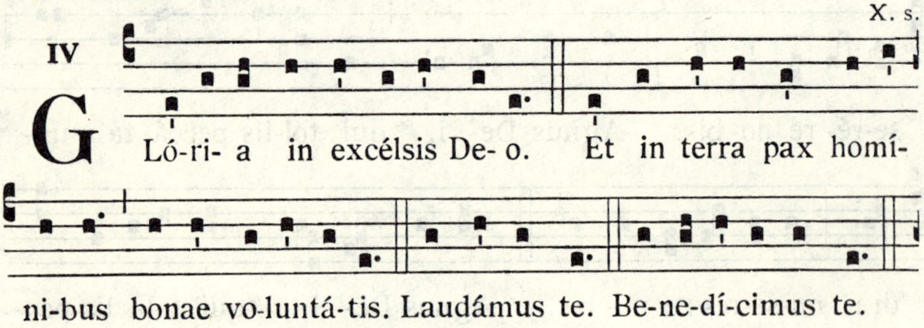

IV Gló-ri- a in excélsis De- o. Et in terra pax homí-ni-bus bonae vo-luntá-tis. Laudámus te. Be-ne-dí-cimus te.

XVI

IN FERIIS PER ANNUM

XI-XIII. s.

III

KY-ri- e * e- lé- i-son. *bis* Christe e-lé- i-son. *bis* Ký-ri- e e-lé- i-son. Ký-ri- e e-lé- i-son.

XIII. s.

II

SAnctus, * Sanctus, Sanctus Dómi-nus De- us Sá-ba-oth. Ple-ni sunt cae-li et terra gló-ri- a tu- a. Ho-sán-na in excél- sis. Bene-díctus qui ve- nit in nó-mi- ne Dómi-ni. Ho-sánna in excél-sis.

X-XI. s.

I

A-gnus De- i, * qui tol-lis peccá-ta mun- di : mi-se-ré- re no- bis. Agnus De- i, * qui tol-lis peccá-ta mun-

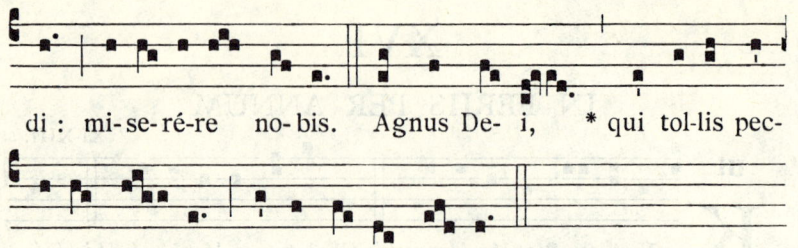

di : mi-se-ré-re no-bis. Agnus De- i, * qui tol-lis pec-cá-ta mun- di : do-na no- bis pa- cem.

XVII
IN DOMINICIS
ADVENTUS ET QUADRAGESIMÆ

A

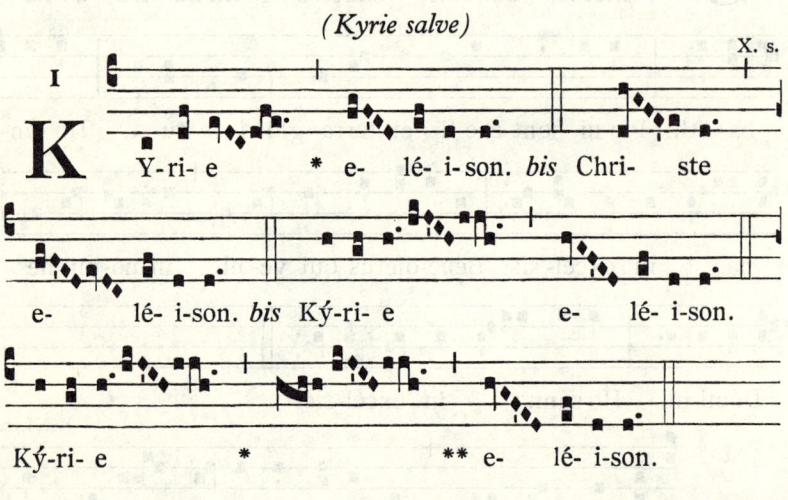

(Kyrie salve)   X. s.

I. KYrie * e- lé- i-son. *bis* Christe e- lé- i-son. *bis* Ký-ri- e e- lé- i-son.

Ký-ri- e * ** e- lé- i-son.

B

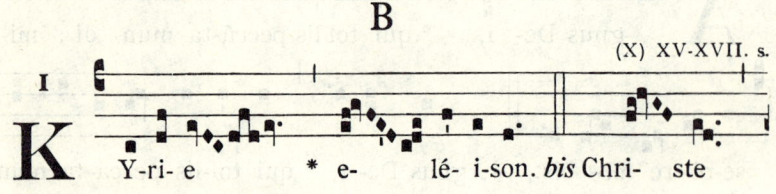

(X) XV-XVII. s.

I. KYrie * e- lé- i-son. *bis* Christe

XVIII

IN FERIIS ADVENTUS ET QUADRAGESIMÆ ET AD MISSAM PRO DEFUNCTIS

A

(Deus genitor alme)

K Y- ri- e * e- lé- i-son. *bis* Christe e- lé- i-son. *bis* Ký- ri- e e- lé- i-son. Ký- ri- e e- lé- i-son.

B

Ad Missam pro defunctis:

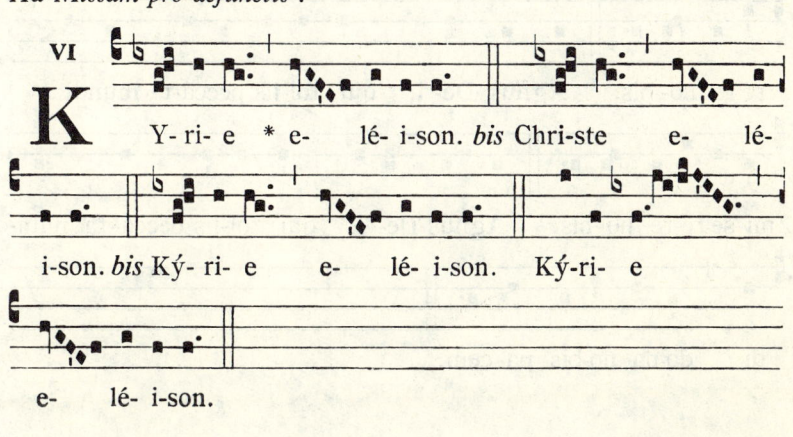

K Y- ri- e * e- lé- i-son. *bis* Chri-ste e- lé- i-son. *bis* Ký- ri- e e- lé- i-son. Ký-ri- e e- lé- i-son.

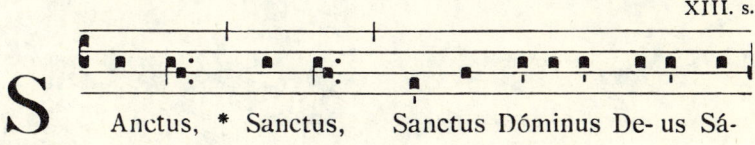

S Anctus, * Sanctus, Sanctus Dóminus De- us Sá-

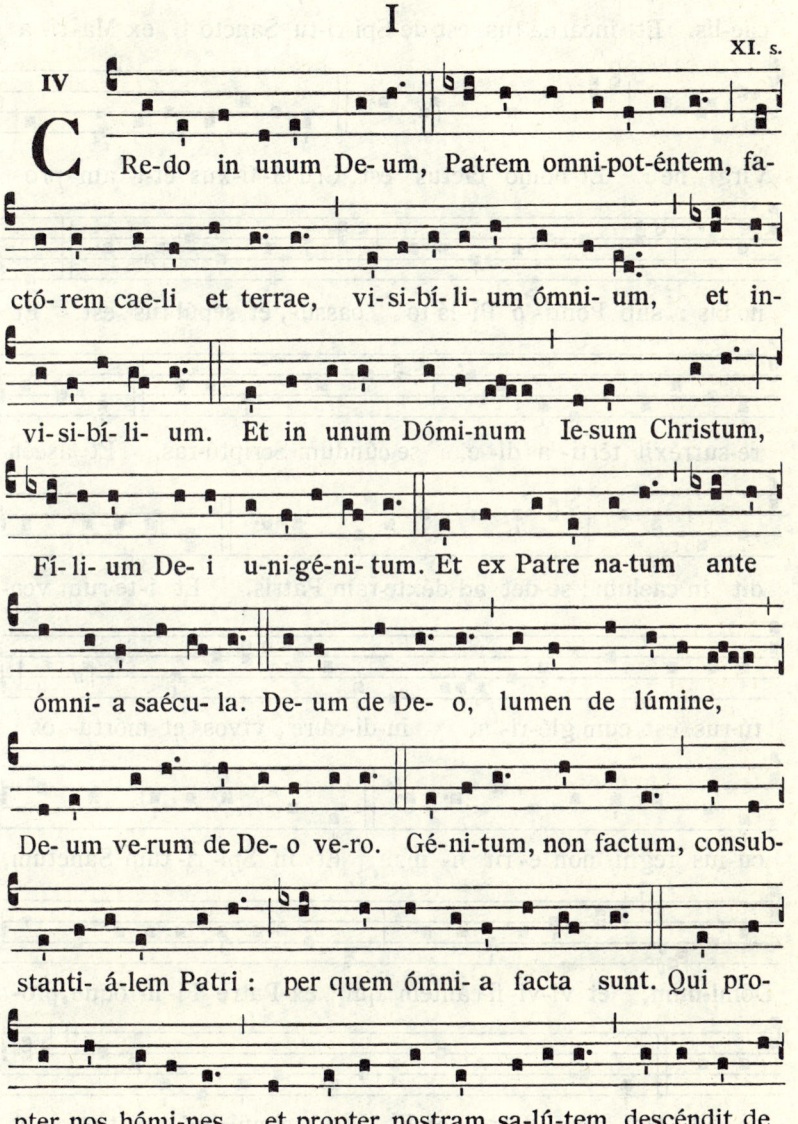

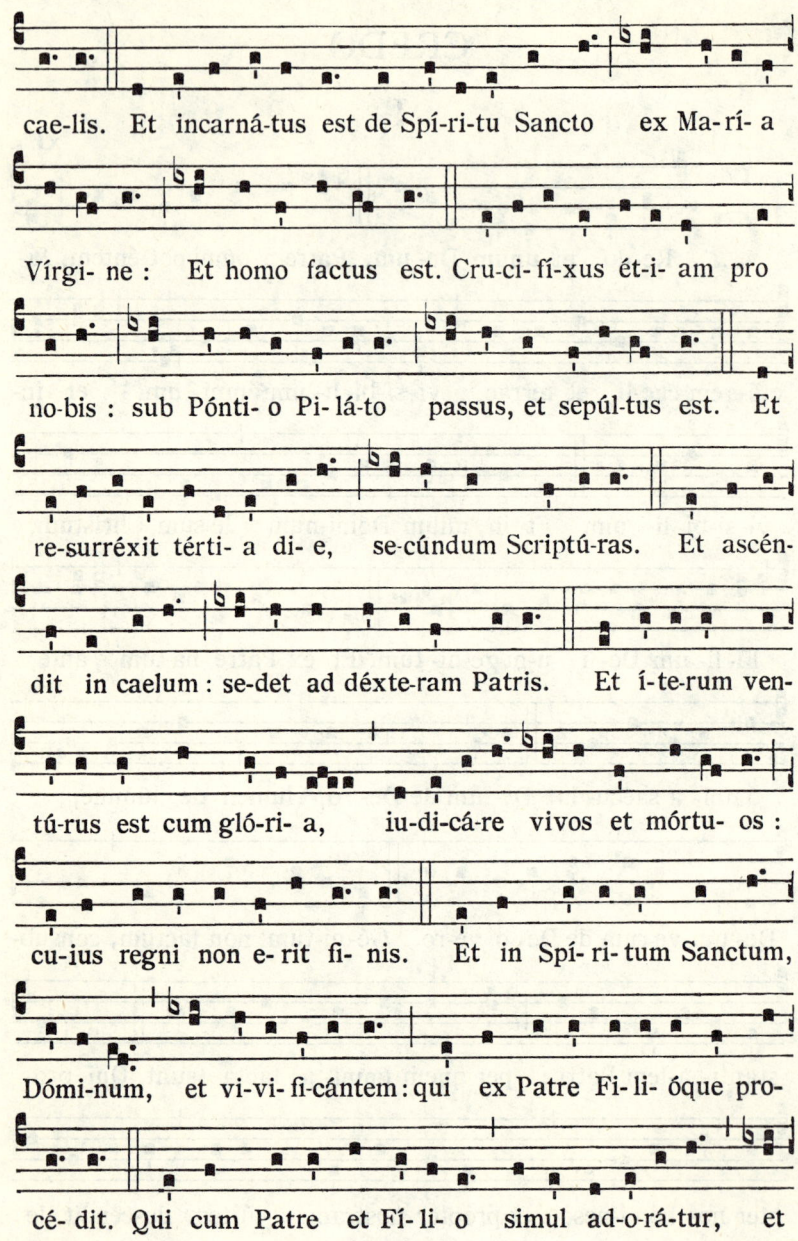

conglo-ri- fi-cá-tur : qui lo-cú-tus est per Prophé- tas. Et unam sanctam cathó- li- cam et a-postó-li-cam Ecclé-si- am. Confí- te- or unum baptísma in remissi- ó-nem pecca-tó- rum. Et exspécto re-surrecti- ó-nem mortu- ó- rum. Et vi- tam ventú- ri saé-cu-li. A- men.

¶ *Præter præcedentem tonum authenticum, alii subsequentes usu iam recepti assumi possunt.*

II

IV

Credo in unum De- um, Patrem omni-pot-éntem, factó-rem cae-li et terrae, vi- si- bí- li- um ómni- um, et invi-si-bí-li- um. Et in unum Dómi-num Ie-sum Christum,

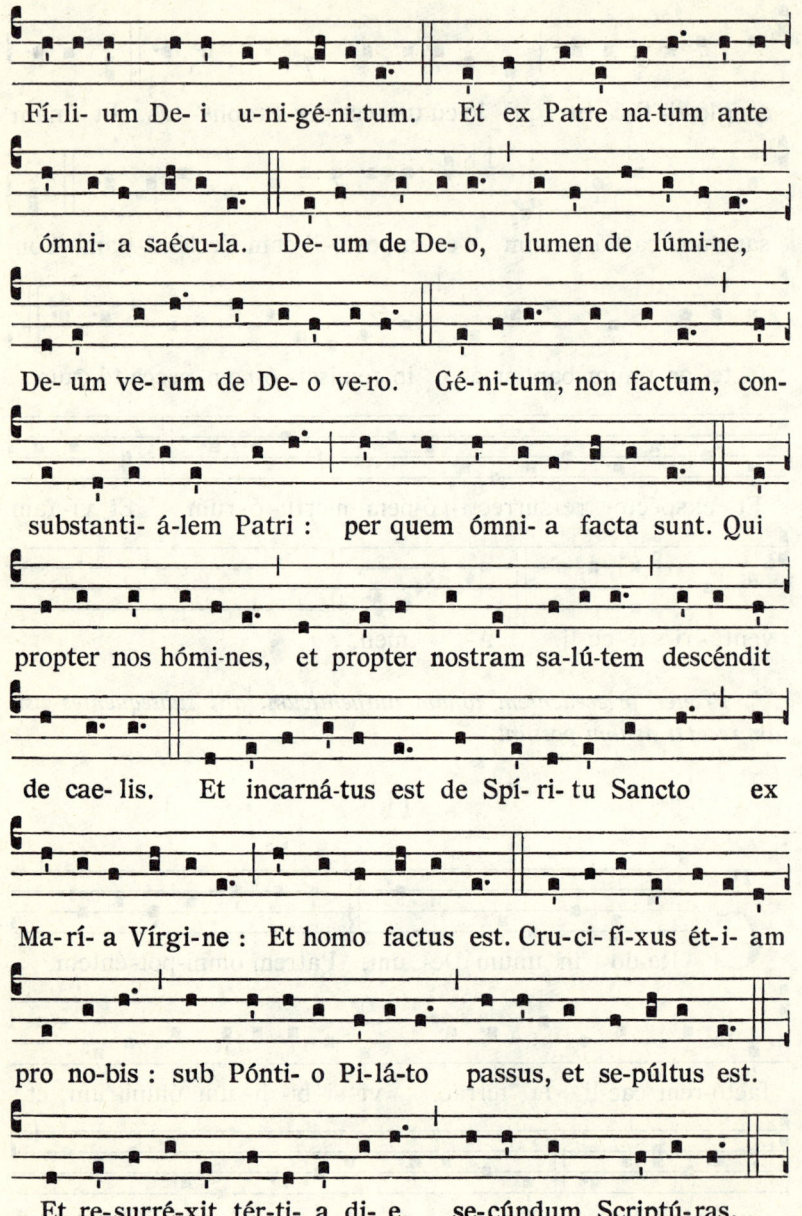

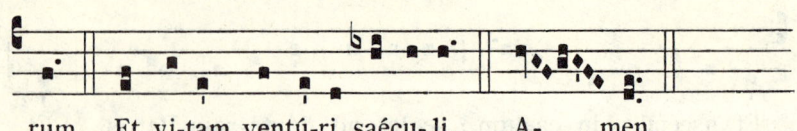

rum. Et vi-tam ventú-ri saécu-li.   A-   men.

III

XVII. s.

CRedo in unum De- um, Patrem omni-pot-éntem,

factó- rem caeli et terrae, vi- si-bí-li- um ó-mni- um, et in-

vi- si- bí- li- um. Et in unum Dómi-num Ie- sum Christum,

Fí- li- um De- i u-ni-gé-ni-tum.   Et ex Patre na- tum ante

ómni- a saé- cu-la.   De- um de De- o,   lumen de lúmi-ne,

De- um ve-rum de De- o ve-ro.   Gé-ni-tum, non fa- ctum, con-

substanti- á-lem Patri : per quem ómni- a fa-cta sunt. Qui

Patre Fi- li- óque pro- cé-dit. Qui cum Patre et Fí- li- o simul ad-o-rá-tur, et conglo- ri- fi-cá- tur : qui lo-cú-tus est per Prophé-tas. Et unam sanctam cathó-li-cam et a-po- stó- li- cam Ecclé- si- am. Confí- te- or unum ba-ptísma in remissi- ó-nem pecca-tó- rum. Et exspécto re-surre- cti- ó-nem mortu- ó-rum. Et vi- tam ventú- ri saé-cu- li. A- men.

IV

XV. s.

CRedo in unum De- um, Patrem omni-pot-én- tem, factó-rem cae-li et ter- rae, vi-si-bí- li- um ómni- um, et in-

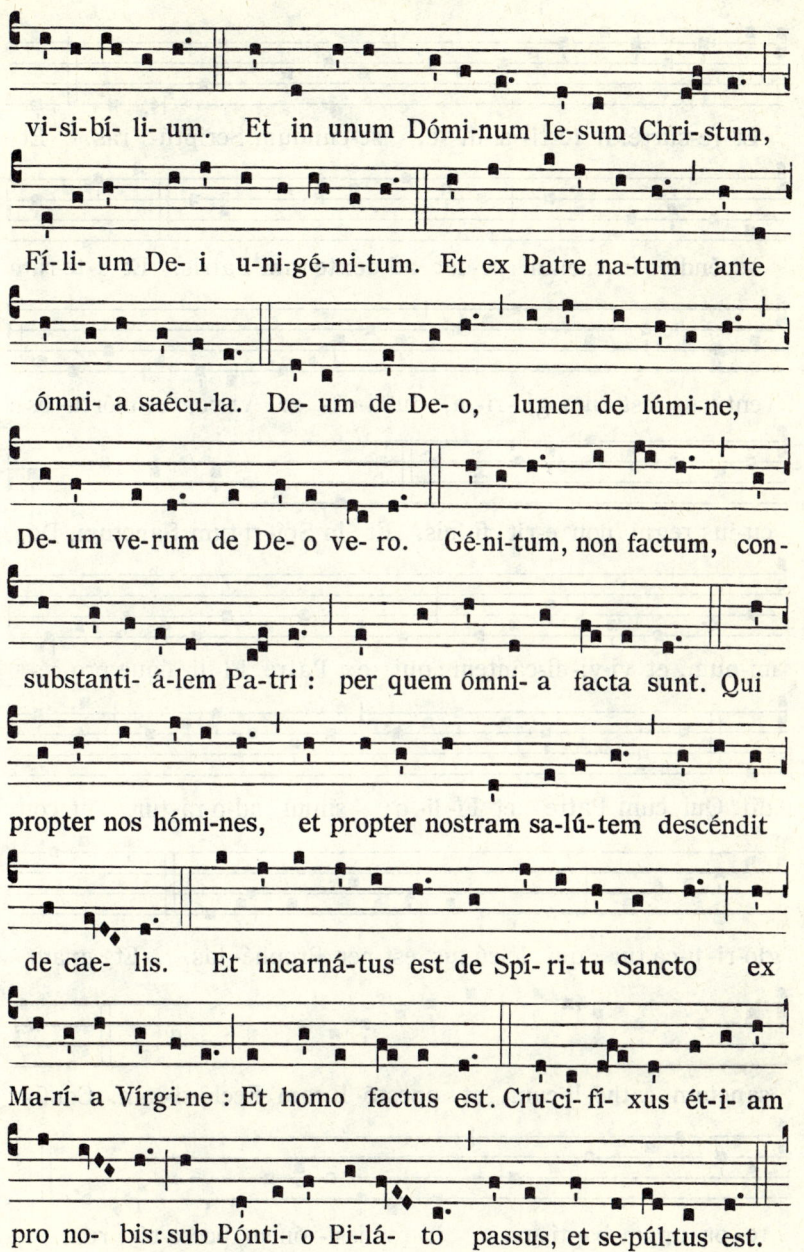

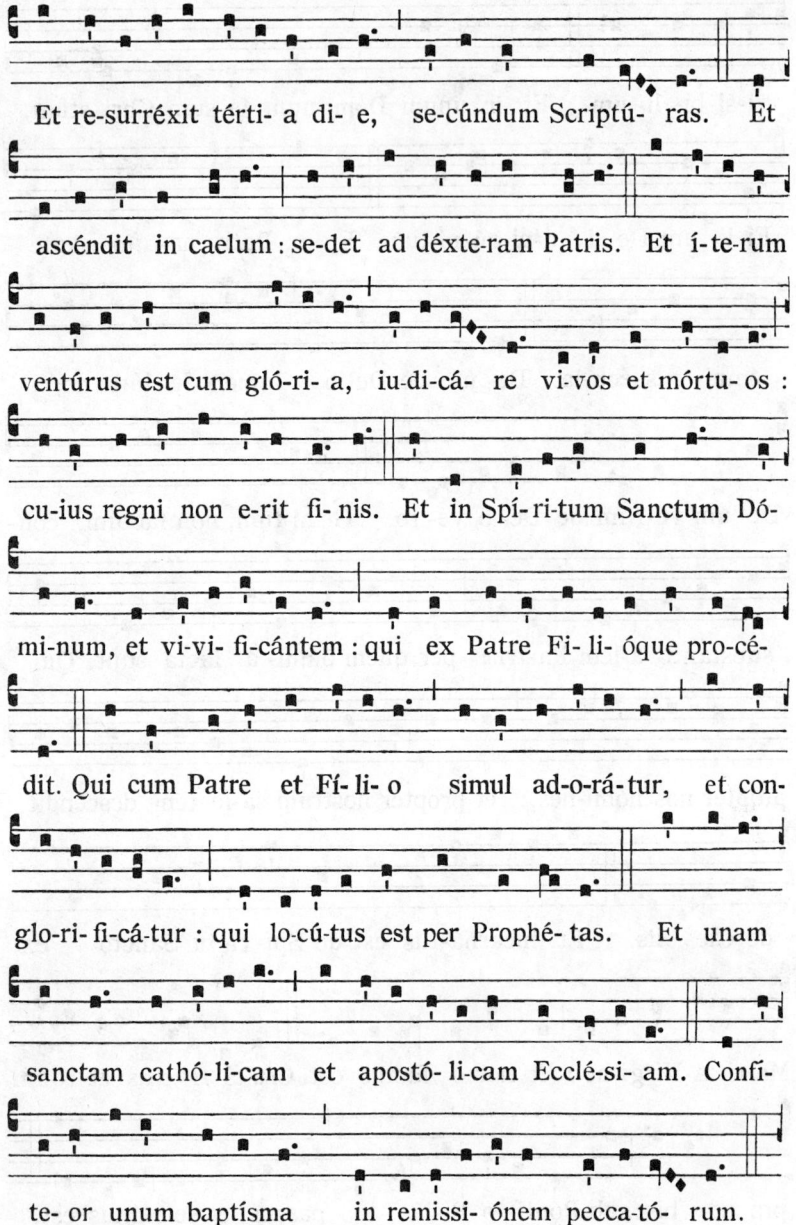

Et exspécto re-surrecti- ónem mortu- ó- rum. Et vi- tam ventú-ri saécu- li. A- men.

V

IV   XII. s.

Credo in u-num De- um, * vel Cre-do in unum De- um, * Patrem omni-pot-éntem, factó-rem caeli et terrae, vi-si-bí-li- um ómni- um, et invi- si- bí- li- um. Et in unum Dómi-num Ie-sum Christum, Fí- li- um De- i u-nigé-ni-tum. Et ex Patre na-tum ante ómni- a saécu- la. De- um de De- o, lumen de lúmi-ne, De- um ve-rum de De- o ve- ro.

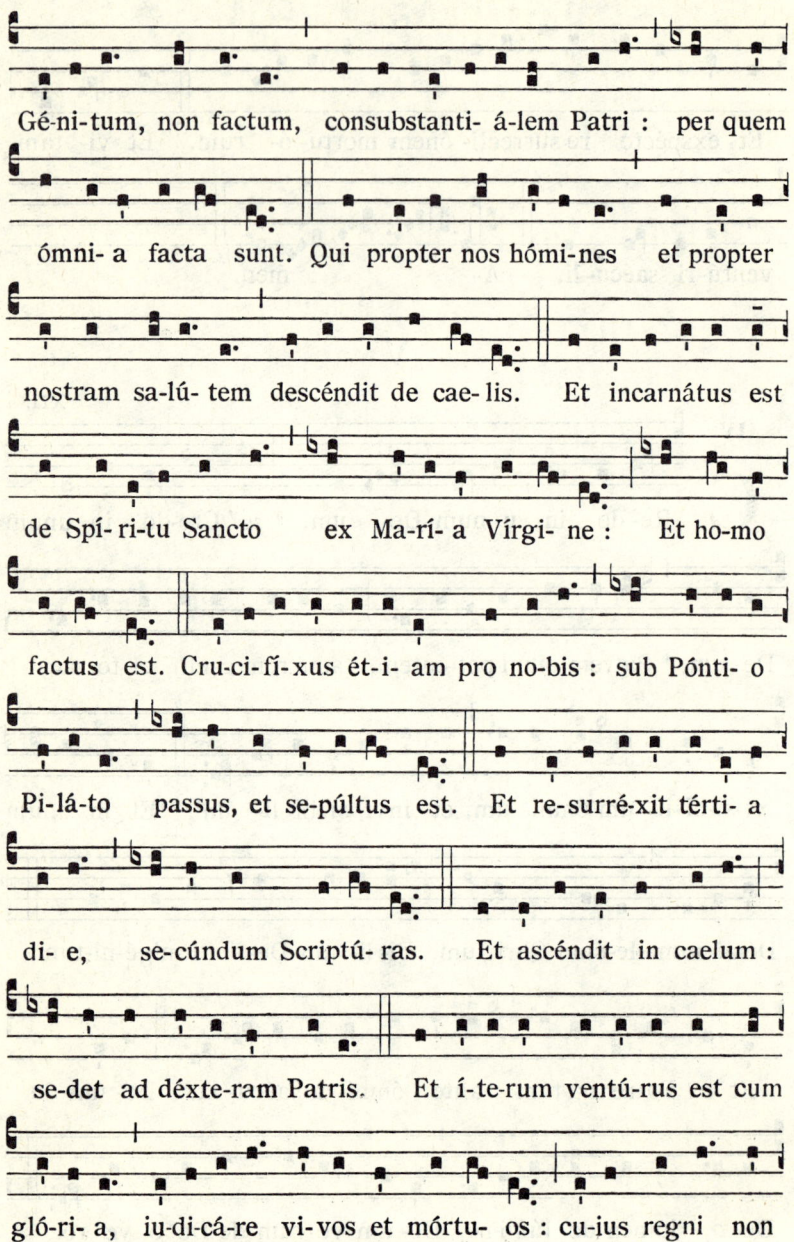

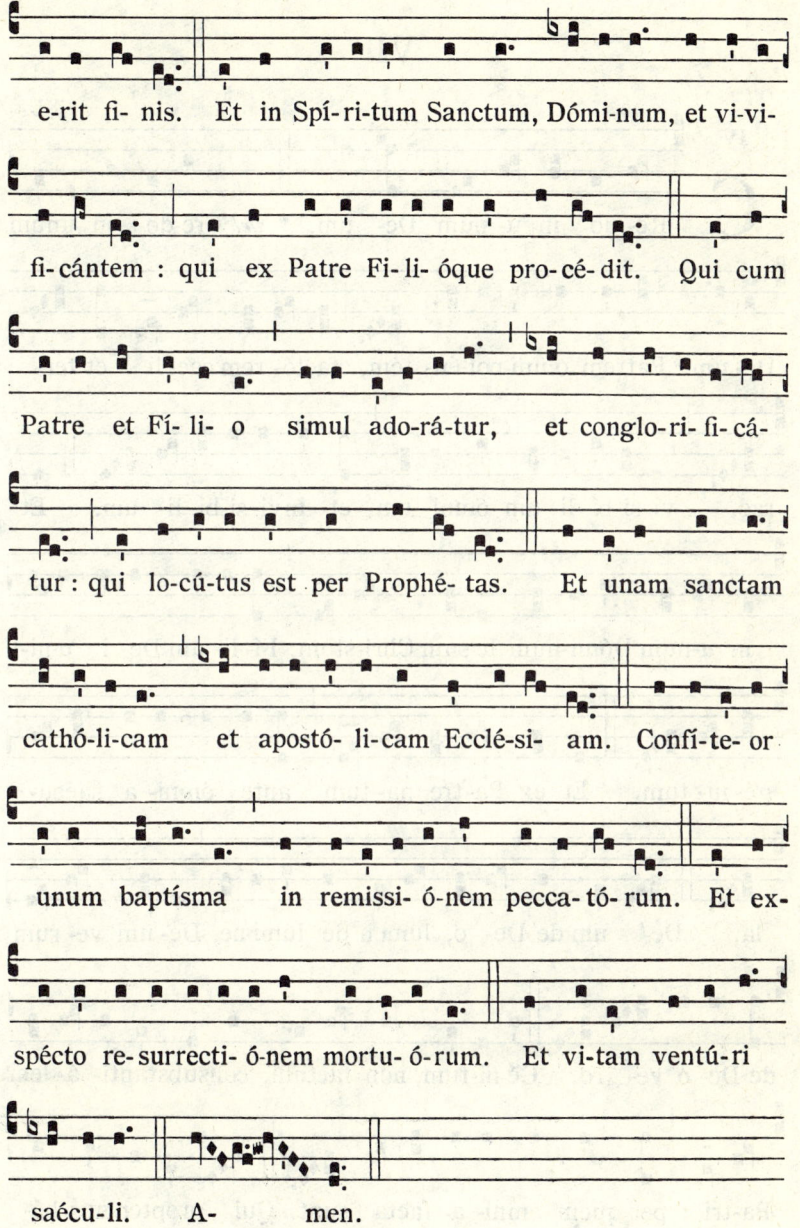

CANTUS AD LIBITUM

KYRIE

I

(Clemens rector)

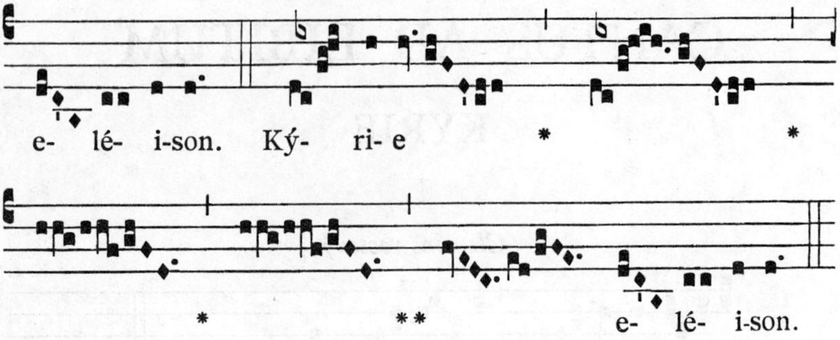

KYRIE AD LIBITUM

e- lé- i-son. Ký- ri- e * *

* ** e- lé- i-son.

II

(Summe Deus)

XI. s.

KY-ri- e * e- lé- i-son. Ký-ri- e

e- lé- i-son. Ký-ri- e e- lé- i-son. Chri-

ste e- lé- i-son. Christe e- lé- i-son.

Christe e- lé- i-son. Ký- ri- e e-

lé- i-son. Ký-ri- e e- lé- i-son. Ký- ri-

III

Cf. supra, III A, 19.

IV

(Kyrie altissime)

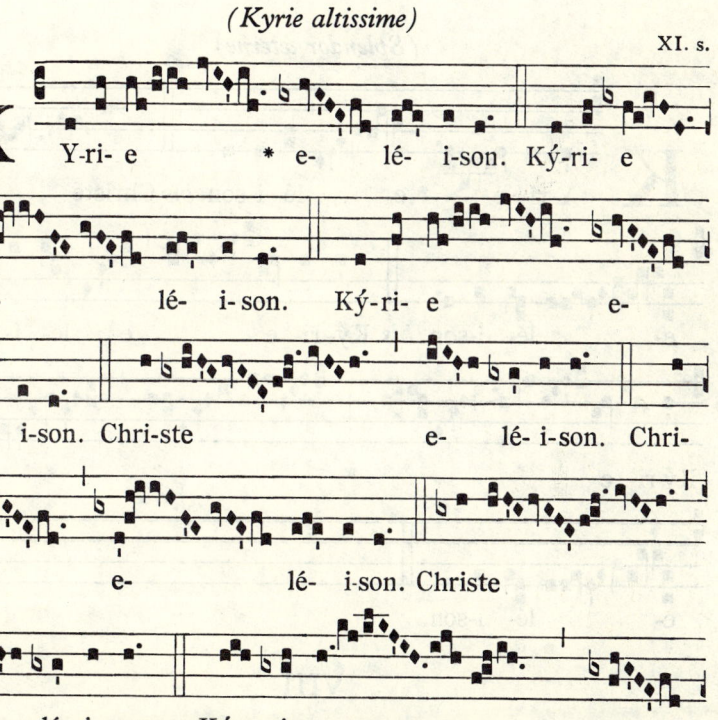

V. *Cf. supra*, I B, 9.

VI. *Cf. supra*, I A, 8.

VII

(Splendor æterne)

VIII

(Firmator sancte)

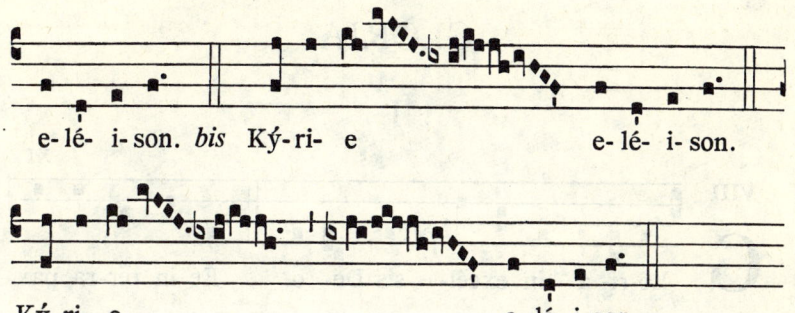

IX

(O Pater excelse)

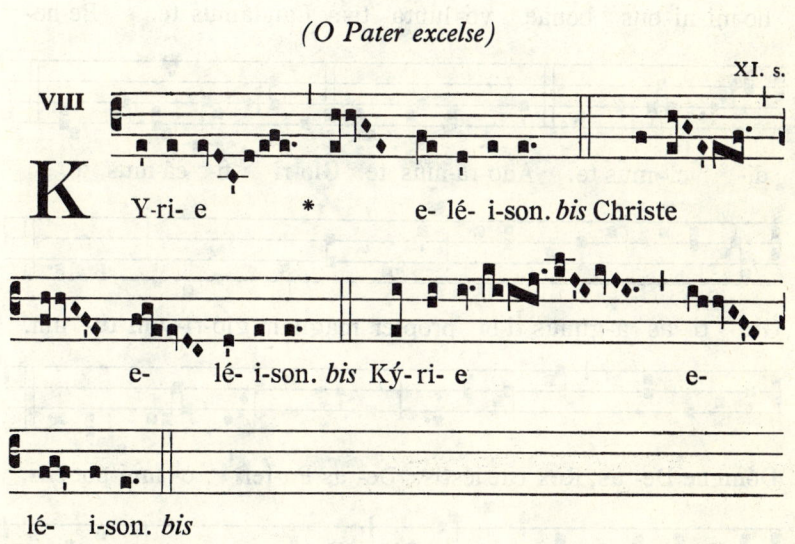

X. *Cf. supra*, XI A, 46.

XI. *Cf. supra*, XVII A, 62.

GLORIA

I

XI s.

VIII G Ló-ri- a in excél- sis De- o. Et in ter-ra pax ho-mí-ni-bus bonae vo-luntá- tis. Laudámus te. Be-ne- dí- ci- mus te. Ado-rá-mus te. Glo-ri- fi- cá-mus te. Grá- ti- as á-gimus ti-bi propter magnam gló-ri- am tu- am. Dómi-ne De- us, Rex cae-léstis, De- us Pa-ter o- mní-pot-ens. Dómi-ne Fi- li u-ni-gé- ni- te Ie-su Chri-ste. Dómi-ne De- us, Agnus De- i, Fí-li- us Pa-tris. Qui tol-lis peccá-ta

GLORIA AD LIBITUM

mundi, mi- se-ré- re no-bis. Qui tol-lis peccá-ta mundi,

sús-ci- pe depre-ca-ti- ó-nem nostram. Qui se-des ad déx-

te-ram Patris, mi- se-ré- re no-bis. Quó-ni- am tu so- lus

sanctus. Tu so-lus Dó-mi-nus. Tu so-lus Al-tíssimus, Ie-su

Chri-ste. Cum Sancto Spí- ri- tu, in gló-ri- a De- i

Pa-tris. A- men.

II

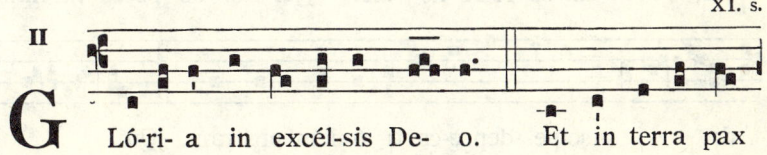

XI. s.

G Ló-ri- a in excél-sis De- o. Et in terra pax

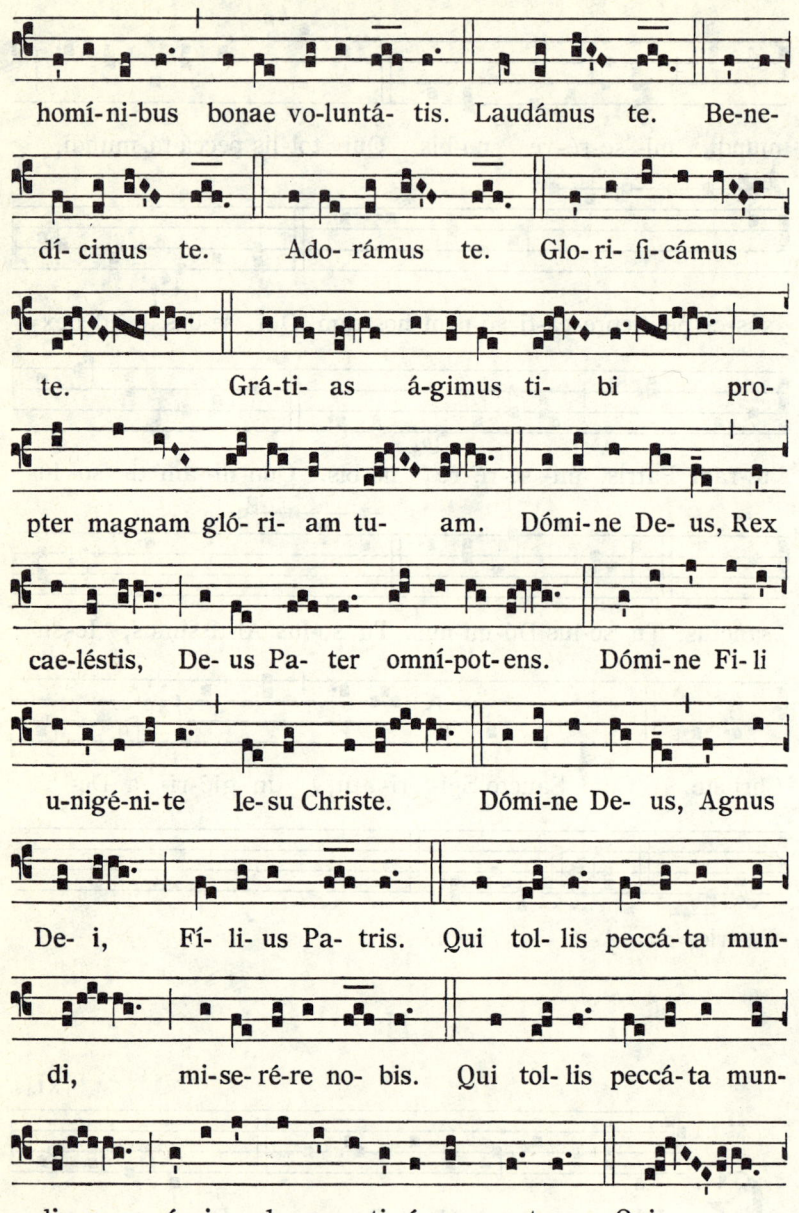

se-des ad déxte-ram Patris, mi-se- ré-re no- bis. Quó-ni- am

tu so-lus sanctus. Tu so-lus Dó-mi-nus. Tu so-lus Altís-

simus, Ie- su Christe. Cum Sancto Spí-ri-tu,

in gló-ri- a De- i Pa- tris. A- men.

III. *Cf. supra*, III B, 19.

IV
(More ambrosiano)

XII. s.

Gló-ri- a in excélsis De- o. Et in terra pax homí-

ni-bus bonae vo-luntá- tis. Laudámus te. Be-ne-dí-cimus te.

Ado-rámus te. Glo- ri- fi- cámus te. Grá-ti- as á-gimus ti-

bi propter magnam gló-ri- am tu- am. Dómi-ne

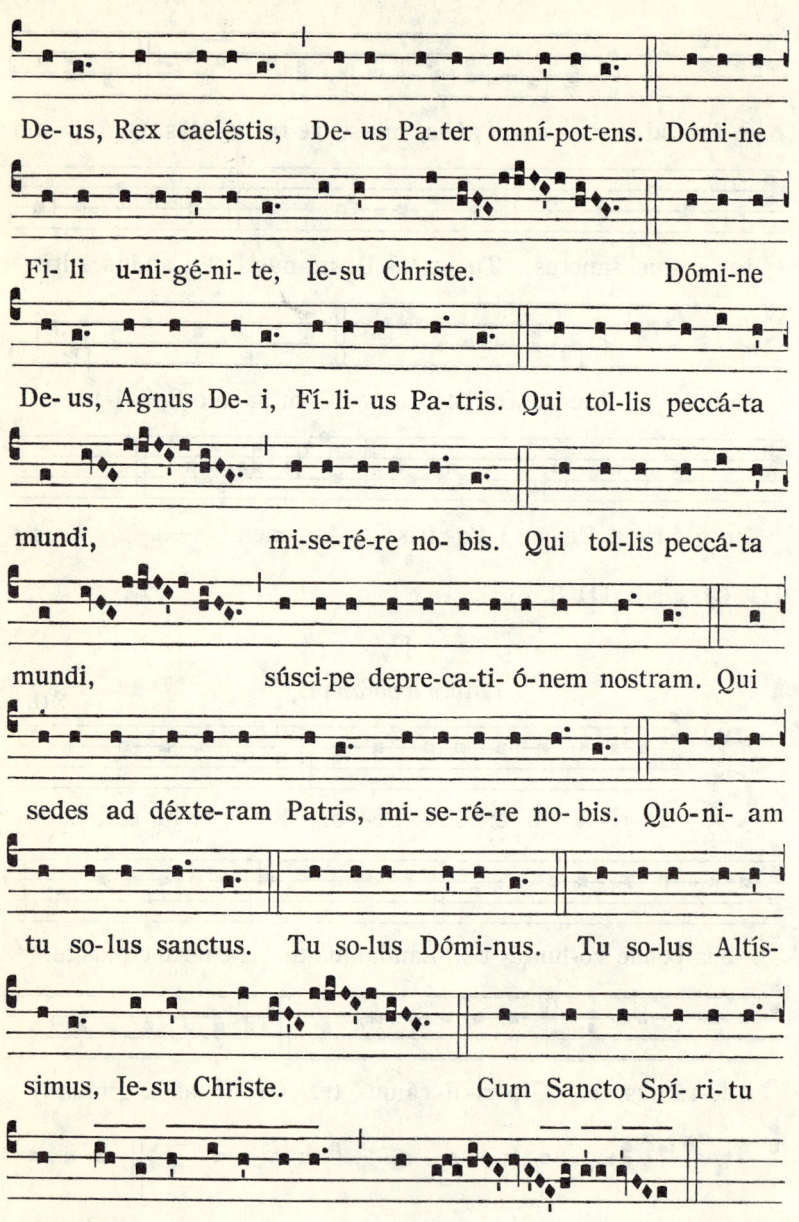

SANCTUS

I

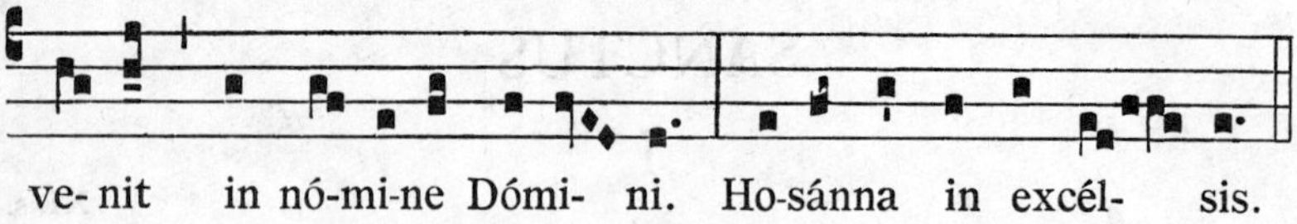

AGNUS DEI AD LIBITUM

ve-nit in nó-mi-ne Dómi- ni. Ho-sánna in excél- sis.

III

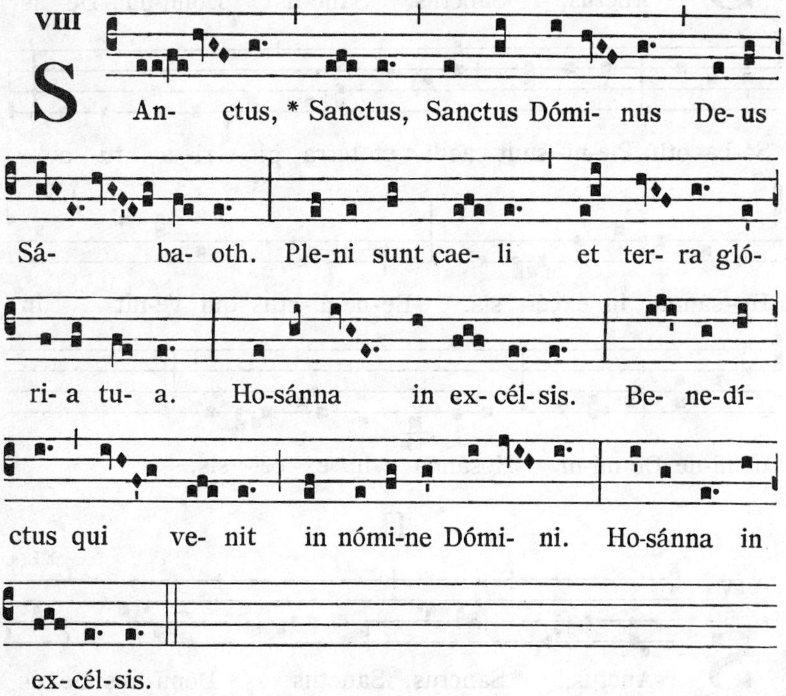

VIII

SAn- ctus, * Sanctus, Sanctus Dómi- nus De- us Sá- ba- oth. Ple-ni sunt cae- li et ter- ra gló- ri- a tu- a. Ho-sánna in ex- cél- sis. Be- ne-dí- ctus qui ve- nit in nómi-ne Dómi- ni. Ho-sánna in ex- cél-sis.

AGNUS

I

XII. s.

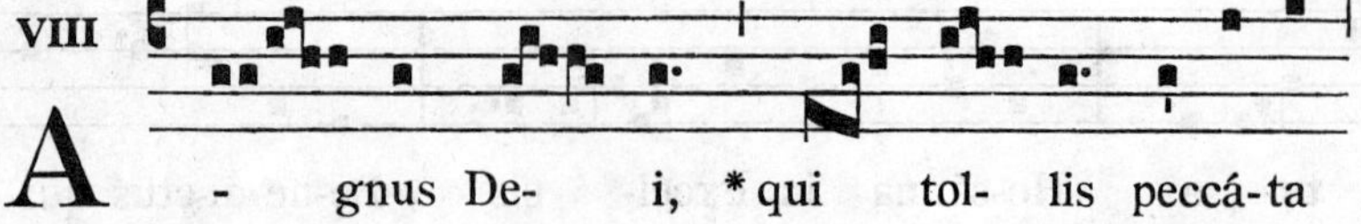

VIII

A- gnus De- i, * qui tol- lis peccá-ta

Imprimé en France par Imprimerie Tardy Quercy S.A. Bourges — 12001
Dépôt légal : 1er trim. 1985